BIOGRAPHIE

DE

M. JACQUES BÉNAZET.

PARIS,
CHEZ KRABBE, QUAI SAINT-MICHEL, 15.

—

1841.

BIOGRAPHIE

DE

M. BÉNAZET

(JACQUES).

« *Aleam* (1) (*quod mirere*) *sobrii inter seria exercent, tanta lucrandi perdendive temeritate, ut, cum omnia defecerunt, extremo àc novissimo jactu de libertate et de corpore*

(1) ALEA.... Idem quod *tessera*, vel ipse ludus *tesserarum*. (*Dic. lat.*) — .... Gioco di sorte, come dadi et carte. (*Dic. ital.*) — .... Qualquier juego de fortuna como dados. (*Dic. esp.*) — .... Tout jeu de hasard. (*Dic. franç.*)

Ce jeu n'était autre que le jeu *de dés.* (Voir Ciceron, de Divinatione; Martial, Macrobe, etc., etc.)

« Item *tessera* est lignum utrinque complanatum in « quo numeri inciduntur : vulgus *taleam* appellat. » (*Plautus*).

contendant. Victus voluntariam servitutem adit : quamvis junior, quamvis robustior, alligari se ac venire patitur. Ea est in re prava pervicacia: ipsi fidem vocant (1). » Tels étaient, au dire de Tacite (*de Moribus Germanorum*), ces anciens Germains auxquels nous sommes redevables de notre origine ; tels sont encore les désœuvrés de nos jours qui ne jouent pas, il est vrai, leur liberté, mais la vendent en échange de titres, de rubans, de hochets nobiliaires, et qui, incapables des grandes luttes auxquelles se livraient nos ancêtres, n'ont conservé d'eux que leurs vices. Aussi aujourd'hui comme à l'époque où Tacite peignait à grands traits les mœurs des Germains, le jeu est-il, nous ne dirons pas seulement une passion, mais encore une nécessité pour ces oisifs de tout âge, de toute condition, de tout rang, que les recherches de la mollesse ont efféminés et qui se livrent aux chances du hasard, les uns par

______

(1) C'est sans doute de là, dit La Bletterie, qu'est venue notre expression : *Esclave de sa parole.*

passion de l'argent, les autres pour distraire leur oisiveté par de galvaniques sensations (1).

Tous les moralistes se sont élevés avec autant de sagesse que d'énergie contre cette passion effrénée; le législateur est venu en aide aux moralistes, mais sans succès; car ce ne sont point seulement les maisons de jeu *patentes, avouées*, qu'il fallait réformer, *mais bien les joueurs*, ainsi que le disait M. de la Boulaie, dans la séance de la Chambre des députés du 12 avril 1828.

Ces observations préliminaires nous ont paru indispensables en tête d'une notice consacrée à un homme qui, pendant vingt ans, a joui du privilége de la banque des jeux de Paris, et qui a transporté depuis deux ans son établissement dans une des villes d'Allemagne (Baden), où se réunit

---

(1) Trouvez-moi un plaisir auquel je puisse me livrer tous les soirs pendant quatre heures sans m'en lasser, et je ne jouerai plus, répondait un des plus riches banquiers de l'Europe à un ami qui lui faisait de sages observations sur sa fréquentation d'un tapis vert.

tous les ans la société la plus brillante de l'Europe.

L'on comprend qu'à côté de l'histoire des faits qui se rattachent au banquier, nous allons placer l'histoire de l'institution. Nous nous bornerons à un simple exposé, nous gardant bien de conclure, laissant ce soin à nos lecteurs.

M. BÉNAZET (*Jacques*) est né à Foix (Arriège), le 3 décembre 1778 (1). Il fit de bonnes études, telles que dans les circonstances les plus difficiles de la révolution, en 1793 et 1794, à peine âgé de 15 ans, il fut attaché en qualité de secrétaire à l'administration communale de sa ville natale, chef-lieu du département, dont l'importance était accrue par le mouvement des troupes que nécessitait la guerre avec l'Espagne, et par sa proximité de la frontière.

Le zèle et l'activité du jeune Bénazet suppléèrent à ce qui lui manquait d'expé-

(1) Sa famille appartenait à la bourgeoisie ; son oncle *Clément - François* BÉNAZET , fut député à l'Assemblée Nationale par la sénéchaussée de Carcassonne (Aude).

rience, et il peut encore aujourd'hui reporter avec quelque douceur ses souvenirs sur cette première période de sa vie où il eut le bonheur, sans enfreindre la ligne de ses devoirs, d'être utile à plusieurs citoyens accusés *d'aristocratisme*, et de sauver la vie à l'un d'eux M. Darmaing (1).

En juillet 1794, M. Bénazet fut appelé à faire partie de l'école de Mars, à la plaine des Sablons, où il resta, jusquà sa dissolution, dans l'arme de l'artillerie.

En 1796, il se fixa à Bordeaux, où il suivit le barreau et fut de la création des avoués-avocats.

Venu plus tard à Paris, M. Bénazet prit part à diverses opérations de haute finance, et parvint à se concilier l'estime et la confiance de riches capitalistes. A cette époque, 1818, le gouvernement sentit le besoin de régulariser légalement le *privilége* de tolérance accordé à diverses maisons de jeu patentes et avouées ; une

----

(1) Oncle de celui qui a fondé et dirigé pendant près de quinze ans la *Gazette des Tribunaux*.

commission spéciale fut chargée d'étudier la question, et après s'être livrée à des recherches scrupuleuses, elle adressa au roi un rapport (1) à la suite duquel fut rendue l'ordonnance du 5 août 1818, établissant en faveur *de la ville* de Paris le privilége de l'exploitation des jeux de ha-

(1) « Les prohibitions se sont toujours succédé, et toujours inutilement, disait le rapport au roi ; depuis Charlemagne jusqu'en 1789, aucune n'a eu d'effet durable.

« L'Assemblée Constituante elle-même a échoué devant une passion plus forte qu'elle. Dans son Code de police correctionnelle, elle prit contre les jeux les mesures les plus sévères. La municipalité de Paris, les nouveaux tribunaux secondèrent ses intentions par de fréquentes arrestations, par des jugemens rigoureux ; les jeux furent *nombreux, moins publics et plus dangereux.*

« Tel a toujours été sur ce point le résultat des mesures prohibitives ; on jouait clandestinement dans des repaires qui échappaient souvent aux recherches de la police, et dans lesquels la fraude, le vol, la séduction étaient continuellement en usage ; plusieurs victimes ont même disparu, sans qu'on ait jamais pu découvrir leur sort.

« Ce résultat, toujours le même, et toujours inévitable des lois de prohibition, démontrait qu'en les renouvelant, on ne ferait que mettre dans un plus grand jour l'impuissance des lois et de la police ; et cette démonstration conduisait à examiner si ce n'était pas le cas de préférer une loi qui autorisât la tolérance.

« Des esprits sages pensèrent que cette tolérance était inévitable ; qu'il fallait composer avec des habitudes

sard, sous la condition de payer annuel-
lement une somme de 5,500,000 fr., dont
l'emploi était indiqué dans un cahier de
charges annexé à l'ordonnance.

et des passions qu'aucune loi humaine ne pouvait détruire; mais que cette composition, qui n'est jamais per-
mise à la législation, ne pouvait l'être qu'à l'administration,
et qu'ainsi c'était à la police à la régler.

« En effet, la police, partant de ce principe, laissa
établir plusieurs maisons de jeu, mais elle commença à
les surveiller, à y établir un ordre jusqu'alors inconnu;
elle en fit même pour elle un moyen d'inspection, qui
en même temps la mettait à portée de prévenir la ruine
de plusieurs familles ou un éclat fâcheux pour elles.

« Bientôt la police s'aperçut que sa surveillance deve-
nait d'autant plus difficile, que les maisons de jeu étaient
plus multipliées; que la tolérance qu'elle se déterminait
à adopter devait se borner à quelques maisons privilégiées
mais qu'alors ce privilége devait être productif pour le
gouvernement, au lieu d'être abandonné à des particuliers
qui en recueilleraient seuls le bénéfice. Ce principe faisait
résulter du privilége accordé trois avantages bien dis-
tincts, un avantage moral, un avantage politique, un
avantage pécuniaire : moral, parce que dans ces maisons,
moins nombreuses et toujours surveillées, il ne se com-
mettrait plus aucun désordre; politique, parce que c'était
pour la police un grand moyen de découvrir des gens
suspects ou coupables, surtout des fabricateurs de fausse
monnaie ou de faux billets; pécuniaire, parce que le
gouvernement trouvait une ressource assurée en régula-
risant les effets d'une passion qu'il ne se connaissait pas
assez fort pour détruire. »

Cette somme fut surtout consacrée à soulager d'honorables infortunes et à soudoyer des plumes vénales ; la vertu malheureuse et le vice déhonté venaient puiser à la même source, l'un la récompense d'anciens et nobles dévoûmens, l'autre le salaire de honteuses palinodies (1).

(1) Il y avait déjà amélioration , car jusqu'alors la *tolérance* avait été escomptée sans règle ni mesure et selon le bon plaisir de l'autorité. M. le comte Dubois, M. le baron Pasquier et M. le duc Decazes auxquels a été long-temps confiée la direction de la police, pourraient dire en combien de circonstances les mandats tirés à vue sur le *banquier privilégié*, ont servi à récompenser le zèle d'agens de tout étage. Nous nous bornerons à raconter une seule anecdote qui emprunte un grand intérêt du nom des personnages.

Napoléon accomplissait, par la conquête, sa mission de propagande révolutionnaire ; Joséphine lui subjugait les cœurs que ne captivait pas l'amour de la gloire; mais cette guerre de coquetterie et de profusions entraînait après elle l'énorme budget des fournitures de la noble dame ; et souvent les demandes intempestives des créanciers de Joséphine avaient excité la colère *factice* ou *réelle* de son illustre époux. Cette fois il revenait chargé de nouveaux lauriers, mais aussi préoccupé par nous ne savons quel embarras d'intérieur que lui avaient suscité soit les fourberies de Talleyrand, soit les maladresses de tel autre haut dignitaire. Joséphine avait jugé le moment inopportun pour une demande d'argent, et cependant les fournisseurs étaient pressans ; l'un d'entre eux surtout ,

Conformément à cette ordonnance, un
cahier des charges fut rédigé et déposé à
la Préfecture de la Seine ; des enchères

compromis par une faillite récente , avait exposé avec
chaleur sa position à sa noble débitrice.... Il y avait ur-
gence, et Joséphine avait mis en vain son esprit inventif
à la torture, lorsque le hasard lui amena un puissant et
bienveillant auxiliaire...... Fouché parut..... Il aimait à
recevoir d'augustes confidences. — Il apprit la position
de la bonne Joséphine. — Mais 400,000 fr., la somme
était forte : cependant il donne des espérances pour le
soir même , et aussitôt se rend chez M. Davelouis, alors
banquier privilégié pour la tenue des jeux, et sans préam-
bule lui expose le motif de sa visite. — 400,000 fr. !
à ce chiffre exhorbitant M. Davelouis se récrie , Fouché
exige ; enfin il ne parle plus en maître, il prie. — Mais
encore, dit M. Davelouis, à quoi donc doivent servir ces
400,000 fr. qu'il me faut improviser en quelques heures?
— Et Fouché n'hésitant pas, met aussitôt son interlocuteur
en tiers dans la confidence qu'il a reçue. — Eh bien ,
soit, dit alors le banquier, mais je prétends les remettre
moi-même. — Que faire ? Il fallut bien consentir ; quelques heures plus tard le cabinet particulier de l'épouse
de Napoléon s'ouvrait pour recevoir le banquier privilégié qui remettait à sa noble *protectrice* un léger rouleau
de quatre cents billets de banque de 1,000 fr.

A-t-il jamais été question de cette somme dans les
comptes de Joséphine? Nous ne le pensons pas.

Fouché fut-il discret? Peut-être : dans tous les cas
Napoléon feignait toujours d'ignorer.

Quant à M. Davelouis, il avait donné 400,000 fr. qu'il
dût passer sur ses livres de banque à l'article *faux-frais*.

Comme on le voit l'ordonnance du 5 août 1818 était

publiques furent annoncées. Au nombre des personnes admises à concourir sur l'adjudication, se trouvèrent des lieute-nans-généraux (1), des banquiers et des capitalistes. Une commission du gouvernement et le Conseil-général de la ville présidèrent à toutes ces opérations, et l'exploitation des jeux, sous la forme d'une Ferme-Régie, fut adjugée moyennant 6,526,600 fr. de prix fixe et trois quarts de toutes les sommes bénéficiées excédant le prix fixé et les frais.

Le bail était de six ou neuf ans : à l'expiration de la sixième année, l'administration ne consentit à laisser le fermier jouir de la deuxième période qu'en lui imposant plusieurs nouvelles

devenue indispensable pour mettre un terme à un pareil état de choses, qui devait entraîner à sa suite des abus de plus d'un genre. En 1820, il y eut encore une nouvelle et honorable modification, en ce que les 5,500,000 fr. cessèrent de figurer aux fonds secrets et vinrent prendre place dans les colonnes du budget en allocation motivée.

(1) L'un d'eux a été appelé depuis à la Chambre des Pairs, et remplit dans l'armée un poste de haute confiance.

modifications, dont la plus onéreuse fut la suppression d'une maison, celle d'une table dans une autre maison, et enfin la suppression de trois heures de jeu dans trois maisons différentes. M. Benazet se conforma à ces exigences, et, lorsqu'en 1828 le bail fut expiré, il soumissionna de nouveau, au prix de 6,055,100 fr., plus les trois quarts des excédans pour la ville. On avait procédé à l'adjudication par la voie des soumissions cachetées, et de plus grevé le cahier des charges de la suppression de la maison de la rue de Seine-Saint-Germain, de celle des fêtes à Frascati, de la clôture des diverses maisons pendant quatre jours de la semaine sainte et pendant les fêtes de *Pâques*, de l'*Ascension*, de la *Pentecôte*, de l'*Assomption*, de la *Toussaint* et de *Noël*.

Il nous reste à dire ce que fut l'administration de M. Bénazet dans une position aussi délicate; nous laisserons parler les faits qui furent rendus publics dans un procès que lui intenta, en 1838, la maison de banque Adour en garantie d'une somme de 107,000 francs, perdue au jeu, disait-on, par le caissier de cette maison.

L'autorité compétente fut interpellée par l'avocat de M. Bénazet, qui put lire, en audience solennelle, des lettres émanant de la préfecture de la Seine, dans une desquelles se trouvaient les passages suivans :

« M. le préfet m'a donné l'ordre de vous
« dire qu'il était content de la manière
« dont le service était assuré. Il gémit
« sans doute, nous le savons tous, sur les
« désordres qui, en général, sont insépa-
« rables de la tolérance des jeux ; mais il
« n'en est pas moins convaincu, avec tous
« ceux qui concourent à cette affaire déli-
« cate, qu'elle ne saurait être mieux diri-
« gée, mieux montée ; que vous y donnez
« tous vos soins, que vous allez fréquem-
« ment au-devant du mal, et qu'il y a lieu
« de rendre justice à vos bonnes inten-
« tions. »

. . . .

« C'est assurément s'acquitter honora-

« blement, en conscience, d'une gestion
« difficile, délicate ; et tous ceux qui, par
« devoir, suivent les divers mouvemens
« de votre service, reconnaissent que vous
« y apportez autant de zèle que d'habileté
« et de droiture. »

Enfin, M. Bénazet produisit un relevé
de registres établissant , jour par jour, le
nombre d'*exclusions* qui avaient eu lieu.
Nous reproduisons celui de 1837, dernière
année de l'exploitation. Il constate le
nombre des exclusions par maison :

Maison 129.	. .	7,541 exclusions.
Id. 113.	. .	7,148
Id. 36.	. .	29,344
Id. 154.	. .	1,502
Marivaux.	. . .	744
Frascati.	. . .	3,124
Total.	. . . . .	49,403

Veut-on connaître maintenant la nature de ces exclusions. La voici (toujours pour l'année 1837) :

Mineurs (ou présu-
   més tels). . . . 19,710 exulusions.
Etudians. 6,546
Concierges et gar-
   çons de bureau. . 106
Femmes déguisées
   en hommes. . . 18
Domestiques et ou-
   vriers. 11,059
Hommes pris de bois-
   son. 1,910
Hommes en mau-
   vaise tenue. . . 9,125
Consignés par l'auto-
   rité. 1,130

Total égal. . . . 49,403

Terme moyen par
   mois. 4,117
Par jour. 137

Indépendamment de ce registre public

et officiel des exclusions, il y avait encore un registre particulier. Il est arrivé souvent, trop souvent que des familles avaient à craindre dans quelques-uns de leurs membres les déplorables excès de la passion du jeu. On allait, dans ce cas-là, trouver M. le préfet de police, on lui donnait le signalement exact de la personne à laquelle on désirait interdire l'entrée des maisons de jeu ; ce signalement était inscrit sur chacun des registres spéciaux de chacune des maisons de jeux, et quand l'individu se présentait, on lui refusait la porte.

Les nombreuses recherches auxquelles nous nous livrons depuis cinq ans nous ont fait découvrir *un abus* que nous ne craignons pas de divulguer et de signaler comme honorable pour le Conseil municipal de la ville de Paris, pour son préfet, M. de Chabrol, et aussi pour le banquier-fermier qui avait su inspirer assez de confiance pour y donner lieu.

La comptabilité était arrêtée tous les soirs par table de jeu, puis par maison, et

2

enfin en tableau collectif ; la ville de Paris, ainsi que nous l'avons dit, prélevait, outre la somme fixe portée au bail, les trois quarts des bénéfices, et le fermier l'autre quart.—M. Bénazet était donc dans l'impuissance de réparer par lui-même les malheurs *dont il était comptable*. Un jour, cependant, un inspecteur de service (1) vint lui signaler un jeune homme dont le sombre regard, se développant à mesure que la fortune contraire trahissait ses espérances, laissait supposer qu'il n'avait plus d'autre ressource, pour se soustraire au déshonneur, que le suicide ; M. Bénazet n'hésita pas, et au moment où ce malheureux jeune homme, ayant jeté sur le

(1) Outre les inspecteurs d'intérieur, onze commissaires spéciaux étaient chargés de la surveillance des exclusions. Ils avaient été nommés par le préfet sur la présentation de M. Bénazet, et l'on doit reconnaître que dans ses choix de présentation le *fermier privilégié* s'était fait un devoir de s'entourer d'hommes qui, par leurs antécédens, ne laissaient rien à désirer à l'opinion publique. Nous pourrions emprunter aux registres déposés à la Préfecture le nom de ces onze inspecteurs ; nous nous bornerons à dire qu'on y voit figurer un ex-juge-de-paix, un ex-agent de change, un ex-chef d'escadron de la garde municipale, etc., etc.

tapis *sa perte réelle* (1), selon l'expression si vraie de madame de Staël, se retirait dans un état d'abattement impossible à décrire, il le fait appeler dans son cabinet, lui arrache l'aveu de sa faute, le console, le rend à lui-même en sauvant son honneur, et en le mettant à même de cacher à jamais à sa famille la soustraction dont il s'était rendu coupable. M. de Chabrol, auquel M. Bénazet en référa plus tard, comprit cet acte de paternelle générosité, l'approuva, accepta sa part de responsabilité, et lorsque, l'année suivante, il eut à rendre les comptes de son administration au conseil municipal, il exposa les faits avec cette loyale franchise qui lui conciliait tous les suffrages, et la somme fut admise au compte des pertes.

Cet *abus* s'est renouvelé plusieurs fois pendant l'administration collective de MM. Bénazet et Chabrol..... Honneur à

---

(1) *Pour le joueur*, a dit madame de Staël, *il n'y a de perte réelle que celle du dernier écu; jusque-là il a acheté de l'espérance.*

ceux qui s'en sont rendus coupables. Plus tard, les administrateurs de la ville de Paris ont été plus rigoureux, et alors même que M. Bénazet proposait des améliorations favorables à la morale publique, mais contraires à la recette fiscale, *la ville* s'est montrée peu empressée à accueillir ses propositions qu'elle a presque constamment rejetées.

En 1836, cédant aux demandes de nombreux pétitionnaires, la Chambre des députés décida la suppression des maisons de jeu privilégiées, qui fut effectuée, en 1838, à l'expiration du bail de concession. Cette détermination, toute bonne, toute morale en soi, a-t-elle produit tout le bien qu'on en attendait? Une enquête sévère, consciencieuse pourrait seule résoudre la question. Nous n'avons eu ni la possibilité, ni la volonté de faire à cet égard les recherches convenables, nous nous bornerons à dire que de fréquentes saisies *de parties*, opérées par la police, prouvent qu'on a supprimé les maisons privilégiées, mais non pas les joueurs; nous dirons

aussi qu'en Angleterre, les lois de prohibitions contre les jeux sont très sévères ;
ce qui n'empêche pas que dans *Londres*
seulement, il existait avant 1840 au moins
trente parties clandestines, fréquentées par
les basses classes de la société, où les désordres étaient notoires ; il existait en outre des *clubs* qui, déclarés inviolables par
les lois du pays, réunissaient la cour et la
ville, et où l'on jouait ouvertement les jeux
de hasard : ces faits sont à la connaissance
de tous ceux qui ont visité la capitale de
l'Angleterre. On trouve à cet égard des
renseignemens curieux dans un article du
Globe intitulé : *Mœurs anglaises*, du 9 avril
1828, tome IV, n° 48. — Le nombre des maisons de jeu clandestines à Londres avait
beaucoup augmenté depuis. C'est ce qui
résulte d'une note communiquée à M. le
préfet de police, en 1836, et dans laquelle
tous ces établissemens sont désignés par
leurs noms, et par l'indication exacte de
la rue et du numéro où ils sont situés (1).

(1) Nous n'avons pu nous procurer des renseignemens
ultérieurs.

En sera-t-il de même en France? L'on doit remarquer que M. Gisquet a gardé à cet égard un absolu silence dans les Mémoires qu'il a récemment publiés.

A la suite de la suppression des maisons de Paris, M. Bénazet fut appelé à Baden, où il fonda un établissement du même genre. Sans doute, il a su à Baden comme à Paris se concilier l'estime publique, car il en a reçu des témoignages honorables dont nous parlerons plus tard.

Sous la restauration, M. Bénazet, qui avait été intimement lié avec MM. Peyronnet et Martignac et la plupart des autres membres de la députation bordelaise, refusa de se jeter dans le mouvement politique; toutefois, à la suite de la révolution de juillet, il fut appelé au commandement du 1er bataillon de la 2e légion de la banlieue de Paris, où il possède des propriétés assez considérables, entre autres le château de Saint-James; il fut réélu à une 1re élection, et plus tard, lors de la démission de M. le comte de Las Cazes père, il fut promu au grade de lieutenant-colonel; le vote popu-

laire lui a été de plus en plus favorable ;
car il a obtenu dans les diverses élections
successives qui ont eu lieu depuis dix ans,
une majorité toujours croissante de 105 à
263 suffrages.

En 1834, M. Bénazet disputa à M. Benoist l'honneur de représenter l'arrondissement de Saint-Denis au Conseil-général
de la Seine, et quoique celui-ci eût été
l'élu du pouvoir en 1830 (voir sa notice,
t. V, 1.re part.), M. Bénazet ne fut vaincu par
lui qu'à une majorité contestée (1), et,

(1) Le nombre des bulletins contenus dans les boîtes
des deux sections, parfaitement correspondant au chiffre
constaté des votans, s'éleva à 532. La loi départementale
de la Seine, exigeant par son article 5 la majorité des
suffrages exprimés, il fallait donc réunir 267 voix pour
être légalement élu. Le dépouillement donna 266 votes
en faveur de M. Benoist, et 260 pour M. Bénazet. Il se
trouva, en outre, six bulletins, dont trois portant un
autre nom que ceux admis au ballottage, et trois déclarés
illisibles. Alors le bureau de la première section, *jugeant seul,*
prononça que les six bulletins écartés par les motifs qui
viennent d'être indiqués, devaient être déduits des suffrages exprimés ; en conséquence, abaissant d'autant le
chiffre de la majorité absolue, le premier bureau la fixa
à 264 voix, et proclama l'élection de celui des deux candidats qui avait réuni 266 suffrages.

chose unique dans l'histoire des élections en France, après six jours de ballottage (1). Cette élection ayant, ainsi que nous venons de le dire, été contestée, il y eut, à notre avis, interprétation fausse de la loi dans

(1) Les opérations du collége électoral de Saint-Denis, pour la nomination de quatre conseillers généraux, commencées le 28 novembre 1834, se continuèrent le 29, sans donner la majorité à aucun candidat. Le 30, on procéda à un ballottage entre les huit concurrens ayant eu le plus de voix. Par une disposition *particuliére* de la loi départementale de la Seine, il faut encore dans cette opération, réunir la majorité *absolue* des suffrages exprimés. Deux des candidats seulement l'obtinrent. En les proclamant membres du Conseil-Général, le président du collége annonça que les électeurs seraient convoqués de nouveau dans la quinzaine pour les deux nominations qui restaient à faire. M. le préfet, confirmant cet avis, arrêta qu'on reprendrait les opérations en totalité pour les deux conseillers à élire, c'est-à-dire que procédant malgré les précédens scrutins comme si rien n'eût été fait, les suffrages pourraient se porter sur tous les concurrens indistinctement, au lieu de se concentrer sur ceux qui avaient approché le plus de la majorité.

Après cet ajournement le collége électoral s'assembla de nouveau le 5 décembre; les opérations furent continuées le 6, et enfin on procéda, le 7, à un ballottage pour le choix du dernier conseiller-général à élire.

Ce ballottage amena le résultat que nous avons signalé à la note précédente.

la décision qui valida la nomination de
M. Benoist (1).

(1) En décembre 1834, presque à la décision du conseil de préfecture, la Cour des pairs jugeait le *National;*
plusieurs bulletins blancs furent comptés comme suffrages exprimés, et concoururent à déterminer le chiffre de
la majorité exigée.

La Chambre des pairs vote par bulletins sur toutes les
lois. Il est facile de vérifier qu'elle fixe toujours le chiffre
de la majorité après le dépôt des votes, et avant leur dépouillement ; et que ce chiffre, une fois déterminé, n'est
plus changé, lors même qu'il sort de l'urne des bulletins blancs.

La jurisprudence de la Chambre des députés est la
même. La question que nous examinons se présenta pour
la première fois à cette assemblée, le 8 novembre 1816.
Dans les élections du département du Nord, le nombre
de votans exigé par la loi pour la validité du scrutin
avait été atteint. Mais au dépouillement des suffrages, il
s'était trouvé vingt-cinq bulletins blancs. Le bureau les
avait annulés, ce qui avait fait descendre le chiffre des
votans au dessous de la quantité nécessaire.

Après une discussion approfondie, à laquelle prirent
part les orateurs les plus habiles de l'assemblée, la
Chambre décida *que les bulletins blancs sont des suffrages exprimés*, et elle déclara valable l'élection an-
nulée par le bureau du collége électoral du Nord.

A la même époque, les opérations électorales du département de la Mayenne présentèrent un résultat re-
marquable. Parmi 192 votans, il s'en trouva SOIXANTE-
ONZE qui déposèrent des bulletins blancs. Le bureau an-
nula ces bulletins, et comme il fallait au moins 122 suffrages exprimés, il déclara le scrutin nul. Mais la Cham-

Depuis son séjour à Baden, M. Bénazet a su se concilier, avons-nous dit, l'estime générale ; nous en trouvons la preuve dans la délibération suivante, prise, il y a quelques mois, par les autorités locales.

LE CONSEIL MUNICIPAL ET LES DÉPUTÉS DE LA VILLE GRAND-DUCALE DE BADEN.

La bienfaisance que M. *Jacques* BÉNAZET, lieutenant-colonel de la garde nationale de Paris, entrepreneur de la banque de cette ville, pratique de-

---

bre des députés, à la plus grande majorité, décida que les soixante-onze bulletins blancs devaient être comptés comme suffrages exprimés, et elle déclara les deux élections annulées par le bureau du collége de la Mayenne.

La même année, aux élections du département de la Manche, le dépôt de SOIXANTE-SEIZE bulletins blancs dans l'urne fit procéder à divers tours de scrutin, parce que ces bulletins blancs, considérés comme votes exprimés, empêchent qu'aucun candidat réunisse la majorité absolue. Cette décision fut approuvée par le gouvernement, qui agit en conséquence.

En juillet 1831, on déféra à la Chambre des députés les opérations du collége de l'arrondissement d'Orange, département du Var. L'élection dépendait d'une voix, et le bureau avait compté comme suffrage exprimé un bulletin blanc. La Chambre adopta sans discussion cette partie des opérations du bureau.

puis son séjour ici, dans toutes les occasions, envers les pauvres de la ville ; les embellissemens désintéressés qui ne peuvent être qu'avantageux à la ville de Baden , et qui sont entrepris par lui sans égard à ses intérêts privés et avec des dépenses considérables , ont excité la reconnaissance générale et unanime de la commune de cette ville.

Pour donner à M. Bénazet une marque de cette reconnaissance honorable, et pour pouvoir le saluer comme notre compatriote , le conseil municipal et les députés ont décidé , en assemblée légale, de lui déférer le droit de BOURGEOIS D'HONNEUR de notre commune.

En lui conférant ledit droit par les présentes, nous devons prier M. Bénazet de l'accepter comme une marque de notre vénération et de la sincère estime de la commune.

Fait à Baden , le 9 octobre 1840.

Le Conseil-Municipal.
Le bourguemestre , JOERGER.
NESSELHAUF, *greffier.*

M. Bénazet a dû se sentir honoré non seulement du titre qui lui était accordé , mais encore des termes de la délibération et de la démarche faite par la députation du Conseil, qui se rendit chez lui , sous la

présidence du bourguemestre ; il a justifié
cette distinction par les dons généreux
qu'il a faits aux hôpitaux et au culte, et
qui, après lui avoir mérité les expressions
de reconnaissance de ses nouveaux conci-
toyens, motivèrent la délibération suivante du Chapitre de l'église paroissiale
et du Conseil :

LA PRÉSIDENCE DE L'OEUVRE DE NOTRE-DAME *(Section Catholique)* DE LA VILLE GRAND-DUCALE DE BADE;

AU CITOYEN DE CETTE VILLE, M. BÉNAZET,
LIÉUTENANT-COLONEL DE LA GARDE NATIONALE DE PARIS.

Baden, le 7 novembre 1840.

A peine avions-nous eu l'honneur de vous pré-
senter les expressions si méritées de reconnaissance
pour les bienfaits que votre haute générosité a fait
parvenir aux hospices et aux pauvres de notre ville,
que nous nous voyons de nouveau obligés à vous ex-
primer de rechef notre profonde reconnaissance
pour le don généreux que vous venez de faire à
notre église paroissiale.

Nous acceptons avec une vive gratitude ce don
précieux, et nous l'avons déjà placé en un endroit
convenable dans notre église paroissiale.

Il y restera comme un monument durable de votre bonté et de votre générosité, et principalement de vos nobles sentimens.

Il rappelle en même temps à la bourgeoisie, qui vous voue unanimement la plus sincère estime, quel digne homme elle peut saluer comme son concitoyen.

En vous exprimant nos remercîmens les plus sincères et les plus empressés, nous vous prions en même temps de vouloir agréer l'assurance de notre haute estime.

GROSHOLZ , doyen.

JOERGER , bourguemestre.

Nous avons dit les faits ; que chacun les apprécie.

En 1829, M. Bénazet dut avoir l'entreprise des théâtres royaux. MM. Rossini, Evariste Dumoulin et le général Claparède devaient faire partie de cette association. Nous ignorons les motifs qui amenèrent une autre combinaison.

M. Bénazet est président du Conseil d'administration de la compagnie d'assurances du Soleil, membre du comité de surveillance de la compagnie des eaux d'Auteuil et de Neuilly.

Il est en outre membre de la Légion-d'Honneur.

FIN.

PARIS. — IMPRIMERIE DE P. BAUDOUIN,
36, Rue des Boucheries-Saint-Germain.